# CHANTS SACRÉS

PAR

M. l'abbé RIPERT

AUMONIER DE LA VISITATION SAINTE MARIE, A LA COTE-SAINT-ANDRÉ
(ISÈRE).

---

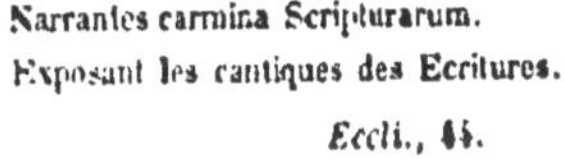

Narrantes carmina Scripturarum.
Exposant les cantiques des Ecritures.
*Eccli.*, 44.

GRENOBLE,
TYPOGRAPHIE DE BARATIER FRÈRES ET DARDELET,
Grand'rue, n° 4.

MDCCCLXVIII

# CHANTS SACRÉS

PAR

M. l'abbé RIPERT

AUMONIER DE LA VISITATION SAINTE MARIE, A LA CÔTE-SAINT-ANDRÉ
(ISÈRE).

Narrantes carmina Scripturarum.
Exposant les cantiques des Ecritures.
*Eccli.*, 44.

GRENOBLE,
TYPOGRAPHIE DE BARATIER FRÈRES ET DARDELET,
Grand'rue, nº 4.

MDCCCLXVIII

80. — GRENOBLE, IMPRIMERIE DE E. DARDELET. — 10-10-68.

# OBSERVATIONS PRÉLIMINAIRES.

J'aurais voulu transporter dans notre sol français quelques-unes de ces fleurs apportées autrefois du Ciel, et plantées dans un sol et sous des climats bien différents des nôtres. J'aurais voulu faire passer dans notre jeune et belle langue française quelques-unes de ces beautés divines, incarnées pour ainsi dire dans des langues antiques, aussi pleines de majesté que de simplicité et de grâces; et en même temps d'une concision, d'une force et d'une hardiesse désespérantes pour nos langues modernes.

Beaucoup l'ont essayé, peu ont réussi; quelques-uns ont immortalisé leurs noms pour avoir rendu assez heureusement quelques morceaux de ces pages divines.

Ai-je réussi moi-même, et à quel point, dans le peu que j'ai fait? Il ne m'appartient pas de le dire.

Jusqu'ici j'ai rendu, ou si l'on veut, j'ai tâché de rendre en vers français six cantiques de l'Ancien Testament : les deux de Moïse, ceux d'Habacuc, de Débora, de Judith et d'Anne, mère de Samuel, et quatorze psaumes. Douze de ces psaumes ont à peu près le même objet que les cantiques précédents : la délivrance et le triomphe du peuple de Dieu. C'est pourquoi je les ai rangés sous le même titre.

Ces cantiques ne regardent pas seulement l'ancien peuple de Dieu; la délivrance qu'ils célèbrent n'est pas seulement la délivrance d'un peuple de la servitude d'Egypte, de la captivité de Babylone, de l'oppression de Chanaan ou de la fureur des Assyriens. Le Saint-Esprit, qui inspirait ces chantres sacrés, avait en vue de célébrer une délivrance bien plus importante et qui intéressait le genre humain tout entier, je veux dire la Rédemption des hommes par le Messie à venir.

En effet, tous les événements et tous les personnages de l'Ancien Testament, en même temps qu'ils étaient réels et historiques, étaient aussi figuratifs et prophétiques. Tout leur arrivait en figure, dit saint Paul, en parlant du peuple d'Israël : *omnia in figura contingebant illis.* Et c'est une notion élémentaire parmi les chrétiens, que la servitude où les Israélites étaient réduits en Egypte sous les Pharaons, figurait la servitude dans laquelle le démon tenait le genre humain assujetti par le péché ; que Moïse, délivrant le peuple israélite de cette servitude, figurait Jésus-Christ délivrant le genre humain de la servitude du démon ; que Josué, introduisant ce même peuple dans la terre promise, figurait Jésus-Christ introduisant le peuple des élus dans le Ciel, qui est la véritable terre de promission. C'est en ce sens que l'apôtre saint Jude a dit que Jésus a sauvé son peuple de la terre de l'Egypte : *Jesus populum de terra Egypti salvans.* Ce que je dis de ce fait et de ces personnages, il faut le dire de la plupart des faits et des personnages de l'ancienne loi. C'étaient comme des allégories vivantes et des prophéties en action.

Ces cantiques intéressent donc tout le peuple des rachetés, tous les chrétiens qui sont le vrai peuple de Dieu ; aussi l'Eglise a-t-elle fait retentir le long des siècles les voûtes sacrées de ses temples du chant de ces cantiques ; bien plus, les Saints eux-mêmes les chantent dans le Ciel, comme l'atteste saint Jean dans son Apocalypse, ch. 15 : « Et je vis, dit le prophète, comme une mer de verre mêlée de feu, et ceux qui étaient demeurés victorieux de la bête, de son image, et du nombre de son nom, debout sur la mer de verre, tenant les harpes de Dieu et chantant le cantique de Moïse, serviteur de Dieu, et le cantique de l'Agneau. »

Il faut avoir ces vérités présentes à l'esprit, en lisant ou chantant ces poëmes divins, si l'on veut en saisir les beautés.

Quel vaste horizon s'ouvre en effet devant vous, quand vous les lisez à la clarté de ce flambeau! Quelles scènes, quels personnages, quels intérêts!

Les deux autres psaumes ont pour sujet le bonheur de l'homme sur la terre, qui consiste dans sa fidélité à la loi de Dieu; fidélité qui lui assure le bonheur consommé du Ciel et de l'éternité.

A ces poëmes j'ai ajouté un hymne tiré de Cléanthe, poëte grec qui vivait environ deux siècles et demi avant Jésus-Christ. Pour rendre toute chrétienne cette pièce composée par un païen, je n'ai guère eu qu'à supprimer le mot de Jupiter, qui se trouve dans le texte. Ce morceau semble avoir été cité par saint Paul dans le discours qu'il adressa à l'Aréopage d'Athènes, lorsque, lui annonçant le vrai Dieu, il dit :

que c'est lui qui a créé l'univers et que nous sommes l'ouvrage de ses mains. Comme l'ont dit, ajoute-t-il, quelques-uns de vos poëtes : nous sommes ses enfants, *ipsius enim et genus sumus*, paroles traduites littéralement de la phrase grecque de Cléanthe : Ἐκ σοῦ γαρ γενος εσμεν.

## ÉPITRE DÉDICATOIRE.

A M. COTTE

Prêtre habitué aux Echelles-entre-deux-Guiers (Isère).

---

Toi qui m'ouvris le double sanctuaire
De la science et de la piété,
Que j'appelai souvent du nom de père
Et qui vraiment le fus par la bonté;

Toi qui guidas la fin de mon enfance
Et consacras au pied des saints autels
Les premiers jours de mon adolescence,
En lui servant le pain des immortels;

Toi qui m'appris de deux superbes langues
Les éléments et les premiers secrets,
Qui me montras la tribune aux harangues
Et des pasteurs les chalumeaux discrets;

Qui m'enseignas la cause de nos larmes
Et déroulas, selon les plans divins,
En récits pleins de douceur et de charmes,
Des fils d'Adam les merveilleux destins;

Toi qui, bientôt, du lieu de ma naissance,
Quittant les monts pour de meilleurs climats,
Sur le chemin qui m'ouvrait l'espérance,
Dans ta bonté ne me délaissas pas;

Mais, dilatant ta pieuse largesse,
M'accompagnas de généreux bienfaits
Dans ces maisons, gymnases de sagesse,
Où sont montrés les sentiers des parfaits;

Brillants foyers de science et de zèle,
Où la tribu des lévites sacrés,
Pour préparer un peuple à Dieu fidèle,
Puise des feux sur l'autel consacrés;

Si, d'annoncer le céleste mystère,
Je fus chargé du sublime devoir;
De pardonner au repentir sincère,
Si je reçus l'ineffable pouvoir;

Et le pouvoir encor bien plus sublime
De m'approcher de l'autel redouté,

Et d'immoler l'éternelle victime
Pour le salut du peuple racheté ;

Ah! je te dois, cher et vénéré Maître,
Oui, je te dois après Dieu ce bonheur.
Je veux orner, daigne me le permettre,
De ce fleuron ta couronne d'honneur.

Reçois, cher Cotte, en ces écrits les gages
De mon amour pieux, reconnaissant;
Et que le nom d'un ami bienfaisant
Orne le front de ces modestes pages.

# LA DÉLIVRANCE

## ET LE TRIOMPHE DU PEUPLE DE DIEU.

## CANTIQUE DE MOÏSE

### Après le passage de la mer Rouge.

Célébrons le Seigneur! Il a de sa puissance
Fait éclater la gloire et la magnificence :
Dans la mer, quand sur nous ils couraient l'œil altier,
Son bras a renversé le maître et le coursier.

Il est ma force et ma gloire
Et mon bouclier protecteur,
Et par la plus belle victoire
Il s'est fait mon libérateur.

Lui seul il est mon Dieu : pour sa bonté chérie,
Mon seul objet sera de le glorifier;
C'est le Dieu de mon père : à le magnifier
Je consacre à jamais et mes chants et ma vie.

Jéhovah s'est levé comme un fier combattant;
Son regard, c'est l'éclair; son nom, le Tout-Puissant.
Il a précipité dans le sein des abîmes
Les chars de Pharaon et ses cruels soldats;
Ses princes et ses chefs, ministres de ses crimes,
Surpris par l'Erythrée ouverte sur leurs pas,
Engloutis dans le gouffre avec l'armée entière,
Ont jusqu'au fond des flots roulé comme la pierre.

Ta main, Seigneur, de son pouvoir
A signalé la grandeur et la force;
Ta main sur l'ennemi, Seigneur, a fait pleuvoir
Ces coups certains qu'à fuir vainement on s'efforce.
Toi-même, environné de torrents de splendeur
Que répandait sans fin ton front dominateur,
Tu t'es montré : soudain, du faîte de sa gloire
Précipité, comme l'ange des cieux,
L'Egyptien sous ton char de victoire
A disparu pour jamais à nos yeux.

De ta juste vengeance,
Terrible messager,
Le feu de ton courroux s'élance
Et les dévore tous comme un chaume léger.

Au vent de ta fureur, les ondes rassemblées,
Semblables à deux murs, s'étaient amoncelées.
L'ennemi se disait : dans ce nouveau chemin,
Oui, je les poursuivrai ces bandes fugitives
Avant que du désert elles touchent les rives;
Et j'arrête leurs pas, je saisis leur butin;

Et je tire mon glaive avide de carnage :
Ma main jusqu'au dernier les immolera tous,
Et dans leur sang enfin s'éteindra mon courroux.
Mais ton souffle, Seigneur, a soulevé l'orage
Et les a submergés dans les rapides eaux,
Ainsi qu'un plomb pesant qui tombe au fond des flots.

O Dieu puissant, Dieu saint et redoutable,
En prodiges toujours fécond, inépuisable,
Dieu grand et magnifique! ô mon maître! ô mon roi!
Qui peut entre les forts se comparer à toi?

Contre eux ta main s'est étendue
Et la terre aussitôt les a tous dévorés.
Mais tes enfants chéris de leurs fers délivrés,
Dans ta bonté, sur eux à grands flots répandue,
Tu les guides toi-même, et toi-même en vainqueur,
Revêtu de puissance et semant la terreur,
Tu daignes les porter jusqu'en ton sanctuaire,
Et les peuples émus d'une ardente colère,
Pour s'opposer à ceux que ton bras a sauvés,
En flots tumultueux soudain se sont levés.

Mais, ô vaine menace, ô colère impuissante!
Devant nous le courage en leur cœur s'est éteint;
La douleur a vaincu l'orgueilleux Philistin;
Le robuste Moab a frémi d'épouvante;
Le prince Iduméen lui-même s'est troublé,
Et, muet de terreur, Chanaan a tremblé.

Que la peur et l'effroi pénètrent dans leurs veines,
Qu'accablés sous le poids de tes mains souveraines,

Ils soient, comme la pierre, immobiles, glacés,
Jusqu'à ce que ton peuple, objet de ta tendresse,
Ce peuple, objet constant de tes soins empressés,
Soit entré dans le lieu de l'antique promesse.

Tu les introduiras dans cet heureux séjour
Pour les fixer enfin sans péril et sans crainte
Sur la montagne sainte,
Héritage béni qu'a choisi ton amour;
Dans ta demeure inébranlable,
Vers ton sanctuaire adorable
Que tes mains ont fondé dans la sainte cité.
C'est là que Jéhovah, sur son trône immuable,
Règne au delà des temps et de l'éternité.

Entre les vastes flots de la mer divisée
Pharaon conduisait ses guerriers et ses chars :
Dieu commande, et la mer à son ordre empressée
Couvre les escadrons surpris de toutes parts.
Mais aux fils d'Israël ces mêmes flots dociles,
Suspendus par la voix du maître souverain,
Sur le lit desséché des abîmes tranquilles
Ont livré sans obstacle un spacieux chemin.

†

# SECOND CANTIQUE DE MOÏSE.

---

Cieux, écoutez ma voix; terre, prête l'oreille!
A mes divins accents qu'Israël se réveille!
Dieu m'ouvre l'avenir, je le dois révéler.
Comme sur le gazon le printemps voit couler
Et la féconde pluie et la douce rosée,
Qu'ainsi de ma parole en Dieu même puisée
Les flots coulent pressés et fécondent les cœurs!
De Jéhovah je vais attester la puissance :
Vous, célébrez les dons de sa magnificence;
Rendez gloire à son nom, publiez ses grandeurs.

Les œuvres du Seigneur sont des œuvres parfaites :
Tous ses sentiers sont droits; il hait l'iniquité;
La justice est sa règle, et, quand il les a faites,
Aux promesses toujours il tient fidélité.

Ils ont péché contre leur père :
Non, ils ne sont plus ses enfants :
Cette race impure, adultère,
Provoque, au lieu d'amour, d'horribles châtiments.

Est-ce là le tribut de ta reconnaissance,
O peuple fou, peuple insensé?
Réponds : n'est-ce pas lui dont l'amour empressé
T'a créé, t'a formé, t'a donné la puissance?
Quoi! n'est-il pas ton père et celui dont la main
A travers les dangers te fraya le chemin;
Celui qui te daigna choisir pour son partage,
Et voulait être aussi ton unique héritage?

Des anciens jours
Rappelle à ta mémoire
Les fastes glorieux et la fidèle histoire :
Des âges écoulés remonte le long cours :
Interroge ton père, il saura te le dire;
Demande à tes aïeux de te le raconter :

Quand celui qui du monde en sa main tient l'empire,
D'Adam forçait enfin les fils de se quitter,
Et, du pied de Babel, dispersait sur la terre
Leurs tribus qui devaient former les nations,
De son divin compas, de sa fidèle équerre
Il traça les confins de leurs possessions,
Et d'un long avenir pénétrant la nuit sombre,
Sur les fils d'Israël il en régla le nombre.
Car il est du Seigneur un peuple favori;
Et Jacob entre tous est ce peuple chéri.
Sur une terre nue, aride, désolée,
Vastes lieux qu'habitaient le silence et l'horreur,
Dieu le vit délaissé : son âme inconsolée
Débordait de dégoût, de chagrin, de douleur.
Il le prit, le guida, seul, loin de l'infidèle,
Attentif comme un père à ses moindres besoins,

L'instruisant, le gardant avec les mêmes soins
Que de ses propres yeux il garde la prunelle.

Tel qu'un aigle à voler provoquant son aiglon,
Et voletant sur lui : sur son cher nourrisson
Le Seigneur déploya ses ailes tutélaires,
Le provoquant à faire un généreux effort
Pour qu'il se dérobât à d'injustes colères.
Mais voyant sa faiblesse arrêter son essor,
Ne suivant que l'amour qui pour lui le transporte,
Sur sa puissante épaule il le charge et l'emporte.

Lui seul il fut son chef : point de dieux étrangers.
Dans des lieux élevés, montagneux, mais fertiles,
Jéhovah l'établit : à l'abri des dangers
Il devait à jamais couler des jours tranquilles;
De ses champs fortunés manger l'excellent fruit;
Savourer dans la paix des plus simples délices
Le lait de la brebis, le beurre des génisses,
La graisse des béliers que le Basan produit,
Et des tendres chevreaux la chair délicieuse,
Et la fleur du froment, et de l'huile onctueuse
Les flots que le rocher y fournit de ses flancs,
Et les rayons de miel qui, du creux de la pierre,
Par les feux du soleil tirés à la lumière,
Distillent en ruisseaux limpides et brillants;
Et pour couronnement de ce bonheur insigne,
Boire à longs traits le sang le plus pur de la vigne.

Ah! le bien-aimé du Seigneur
S'est engraissé dans l'abondance.
Et contre son libérateur,
L'ingrat! s'est regimbé d'orgueil et d'insolence!

Enivré de plaisirs,
Engraissé de mollesse
Et gorgé de richesse;
Dans la chair et les sens bornant tous ses désirs,
Il a quitté le Dieu dont il a reçu l'être,
Il a fui loin de Dieu son Sauveur et son Maître.
A des dieux étrangers ils ont donné leur cœur
Et par un culte affreux, par une infâme vie,
Profanant d'Israël l'antique et saint honneur,
Ils ont de Jéhovah piqué la jalousie,
Et sur eux allumé le feu de son courroux.
Devant lui dédaignant de plier les genoux,
Ils se sont mis aux pieds des anges des abîmes;
Ils ont à des démons immolé des victimes;
A de prétendus dieux qu'ils n'avaient pas connus
Adressé sans pudeur l'encens de leurs prières.
Adoptant chaque jour quelques nouveaux venus
Que n'adorèrent point leurs pères.

Le Dieu puissant et bon qui te donna le jour,
Tu l'as abandonné, méprisant son amour!
Le Dieu qui te créa, ton seul Seigneur et maître,
Tu l'as mis en oubli, tu l'osas méconnaître!
Il s'est vu provoqué par ses fils bien-aimés:
Son cœur, ses yeux se sont de courroux enflammés:
Ah! je leur cacherai les rayons de ma face,
Dit-il, et glorieux, recueilli dans mon sein,

Tranquille, j'attendrai leur lamentable fin.
Enfants dégénérés, trop infidèle race!...
En adorant des dieux qui ne le furent pas,
En offrant leur encens à de vaines idoles,
Ils ont blessé mon cœur et défié mon bras;
Et moi (qu'en leur mémoire ils gravent ces paroles),
Pour irriter leur cœur, provoquer leur dépit,
Je les rejetterai comme un tronc décrépit
Et prendrai pour mon peuple un peuple qui m'ignore,
Que traitent d'insensé ces ingrats que j'abhorre.

Un feu s'est allumé dans ma juste fureur:
Pour punir dignement ces criminelles âmes,
Dans le fond des enfers il roulera ses flammes,
Et, dilatant un jour sa dévorante ardeur,
Il brûlera la terre et ses vertes campagnes,
Et jusqu'aux fondements dissoudra les montagnes.
Contre mes ennemis j'assemblerai les maux:
J'épuiserai sur eux mes brûlants javelots.
Ils périront au sein d'une amère torture:
Ou consumés de faim ou par un autre sort,
Qui cent fois à lui seul équivaut à la mort;
Devenus des vautours la vivante pâture,
Ou broyés sous les dents des bêtes de leurs bois
Que sur eux ils verront accourir à ma voix;
Ou brûlés des poisons d'innombrables reptiles
Les frappant de leurs dards en noirs venins fertiles.
L'enfant à la mamelle, ainsi que le vieillard,
Le robuste jeune homme et la vierge timide,
Sous les coups de la peur ou du glaive homicide,
En foule tomberont pressés de toute part.

Et j'ai dit : où sont-ils?... Parmi l'humaine race
De leur mémoire enfin j'effacerai la trace.
Mais ces grands châtiments, je les ai différés,
Pour que leurs ennemis, maintenant conjurés,
N'aillent pas de ces coups s'attribuer la gloire
Et dire en leur orgueil : à nous seuls la victoire!
Ce n'est pas le Seigneur, c'est notre bras puissant
Qui couvrit tous ces lieux de carnage et de sang!

Ce peuple est dépourvu de sens et de prudence :
Que n'ouvre-t-il les yeux aux célestes clartés
Et ne prend-il encore sagesse et prévoyance
Pour conjurer les maux qu'il a trop mérités!
D'où vient que par un seul mille sont mis en fuite,
Et dix mille par deux? N'est-ce pas que leur Dieu
Les a vendus, et pour seconder leur poursuite,
Les a comme un troupeau fermés en un seul lieu?
Car notre Dieu n'est point aux autres dieux semblable,
Et j'en prends à témoin nos propres ennemis.
Ah! de leur trahison je suis inconsolable!
Je les ai tant aimés, ils m'avaient tant promis!
De leurs crimes sans fin s'accroît la triste somme :
Leurs vignes sont des plants de vignes de Sodome;
Aux faubourgs de Gomorrhe ils ont pris leurs provins;
Leurs raisins sont de fiel et leurs grappes amères,
Mises sous le pressoir ne donnent que des vins
Dont les noires vapeurs, les esprits délétères
Sont un plus pénétrant et plus mortel poison
Que le venin d'aspic et le fiel de dragon.

Tout cela n'est-il pas gardé dans ma mémoire?
Tout cela n'est-il pas scellé dans mes trésors?

Mais à moi la vengeance appartient, c'est ma gloire ;
Je saurai dans le temps redresser tous les torts.
Ils ont beau se raidir, déjà leur pied chancelle ;
Il est proche, il est là, le jour des châtiments ;
Les temps pressent leurs pas dans leur course fidèle :
Sur son peuple Dieu va rendre ses jugements.

Mais à ses serviteurs il deviendra propice,
Quand il aura vengé les droits de sa justice,
Quand il verra les bras sous ses coups s'affaiblir,
Les guerriers assiégés dans leurs murs défaillir,
Et du peuple épuisé les restes misérables
Traîner honteusement leurs débris déplorables.

Où sont donc maintenant, dira-t-il, tous ces dieux
Dans lesquels ils avaient placé leur confiance,
Dont à la mienne ils ont préféré l'alliance?
Quand à l'ombre des bois, ou quand sur les hauts lieux
Ils leur offraient d'opulents sacrifices,
Sans pudeur ils goûtaient eux-mêmes les prémices,
Buvaient le vin de leurs libations,
Mangeaient joyeux la graisse des victimes :
Pour leurs faciles dieux ce n'étaient point des crimes.
Vous étiez fiers d'avoir tant de protections !
Hé ! qu'ils se lèvent donc à vos cris de détresse,
Ces dieux puissants, ces dieux votre unique recours !
Dans vos besoins présents qu'ils vous portent secours !
Qu'ils écartent de vous le malheur qui vous presse !

Reconnaissez que seul je suis Dieu : que hors moi
Il n'en fut jamais d'autre, et rentrez sous ma loi !

Seul je donne la mort et seul je rends la vie ;
Celui que j'ai frappé, seul je puis le guérir ;
Et la victime enfin condamnée à périr
Par nul autre à mes mains ne peut être ravie !

Je lèverai ma main vers le ciel et dirai :
J'en jure par ma vie éternelle, immuable,
Serment trois fois sacré, serment inviolable !
Si je saisis mon glaive au tranchant acéré,
Si je l'aiguise encore à l'égal de la foudre
Et prends du jugement le sceptre redouté,
Nos communs ennemis seront réduits en poudre
Et subiront le sort qu'ils auront mérité !
De leur sang criminel j'enivrerai mes flèches ;
Mon glaive obéissant dévorera leurs chairs,
Pour venger mes amis captifs, chargés de fers,
Pris aux champs des combats, ou saisis sur les brèches ;
Et ceux qu'en esclavage ils avaient emmenés
Confus et de cheveux les fronts découronnés,
Ou dont le sang versé par une injuste guerre
Poussait vers moi des cris exhalés de la terre !

O nations, louez son peuple rajeuni !
Le Seigneur vengera ses serviteurs fidèles
Tués injustement par des armes cruelles,
Et de leurs oppresseurs l'orgueil sera puni.
Mais voyant satisfaits les droits de la justice,
Sur ses enfants chéris et sur leurs champs heureux,
Abaissant un regard propice,
Il leur prodiguera les doux présents des cieux.

# CANTIQUE D'HABACUC.

Ta parole, Seigneur, a frappé mon oreille,
Et j'ai tremblé d'effroi, pâli d'étonnement :
De ton œuvre, Seigneur, de l'œuvre sans pareille
Fais, au milieu des temps, voir l'accomplissement.

La Rédemption

Oui, tu l'accompliras, car ta bonté déborde :
L'on te verra toi-même entre (*) deux animaux;
Lorsque de ta colère auront passé les eaux,
Tu te ressouviendras de la miséricorde.

Dieu viendra de l'Auster; le saint, du mont Pharan :
Il a couvert les cieux de l'éclat de sa gloire,
Et la terre partout célèbre le Dieu grand;
Sa splendeur sur le jour remporte la victoire.

Des rayons de lumière éclatent dans ses mains :
C'est là qu'il a caché sa vertu, sa puissance.
La mort court devant lui; devant ses pas s'élance
L'odieux Lucifer, l'ennemi des humains.

Les plaies que Jésus-Chris a reçues dans ses mains.

(*) Suivant le texte grec.

Il s'arrête, et son œil a mesuré la terre :
Il a fait d'un regard fondre les nations :
Et sous les coups de son tonnerre
En poudre il a réduit les plus antiques monts ;
Les collines se sont baissées
Devant les pas de son éternité :
Aux lieux où Madian commit l'iniquité,
J'ai vu mettre en lambeaux ses tentes dispersées.

Est-ce aux fleuves qu'en veut ton indignation?
Est-ce aux fleuves, Seigneur, que ta fureur s'adresse?
Ou la mer qui toujours à tes ordres s'empresse,
Aurait-elle encouru ta malédiction?

Ah! pour sauver les tiens suscitant les prodiges,
Tu montes tes coursiers, tu lances tes quadriges;
Tu réveilles ton arc pour remplir le serment
Qu'à nos tribus tu fis dès le commencement.

Des fleuves tu suspends et divises les ondes :
En te voyant, leurs montagnes profondes
Sourdement ont gémi de douleur et d'effroi;
Rempli d'émoi,
A ta présence
Le gouffre des eaux s'est enfui :
L'abîme autour de lui
D'une éclatante voix a rompu le silence,
Et des flots, étonnés de ces nouveaux chemins,
La hauteur a levé ses suppliantes mains.

Sous leurs beaux pavillons tout brillants de lumière,
Au point qu'ils occupaient, chacun dans sa carrière,

Le soleil et la lune ont arrêté leurs pas.
Ton peuple cependant poursuivait ses combats
Aux clartés que donnaient tes flèches foudroyantes,
Aux splendeurs que jetaient tes lances flamboyantes.

Dans le frémissement de ta juste fureur
Tu fouleras aux pieds la terre,
Et par les coups de ta colère
Tu frapperas les peuples de stupeur.

Du sein de ta gloire éternelle
Tu daignas, ô Dieu des vertus,
Sortir avec ton Christ Jésus,
Pour sauver ton peuple fidèle.

Jesus, populu suum de terr Ægypti salvai Jud.

Et tu frappas le premier-né
De la famille de l'impie;
De l'impie àtour son montrant l'ignominie,
Tu l'as de fond en comble à jamais ruiné.

Et tu maudis son sceptre, et tu lanças la foudre
Sur les chefs qui, guidant ses épais escadrons,
Comme un noir ouragan qui fond sur les moissons,
S'avançait contre moi pour me réduire en poudre.

Ils tressaillaient de joie ainsi que le méchant
Qui dévore le pauvre et rit en se cachant :
A tes coursiers tu fis dans la mer un passage,
Dans la fange des eaux, jusqu'à l'autre rivage.

Ainsi viens-je d'entendre; et mon cœur s'est troublé
A ta voix, ô mon Dieu, mes lèvres ont tremblé...

Que dans mes os entre la pourriture
Et que des vers ma chair soit la pâture,
Pour que le jour de tribulation
Me trouve en repos dans la tombe;
Qu'avant que ta fureur sur la terre ne tombe
Je monte vers mon peuple à la sainte Sion!

Alors sur le figuier la fleur ne pourra naître;
Le cep ne poussera ni raisins ni sarment,
L'olivier trompera l'attente de son maître;
Le champ n'offrira point à l'homme son froment;
Et de toutes les bergeries
Seront arrachés les troupeaux;
Et de leurs étables chéries
Seront absents génisses et taureaux.

Que dis-je? Ah! je pourrai me réjouir encore,
Me réjouir dans le Seigneur;
Et je tressaillerai dans le Dieu que j'adore;
Dans mon Jésus, dans mon Sauveur.

Car Jéhovah mon Dieu, maître et Seigneur suprême,
Fait ma force et ma sûreté;
Du cerf il donnera lui-même
A mes pieds la légèreté;
Et, loin de ces tristes campagnes,
Son bras puissant, victorieux
Me conduira sur mes montagnes
Chantant des cantiques joyeux.

# CANTIQUE DE DÉBORA.

Vous qui, d'un noble élan suivant la sainte ardeur,
Pour nous reconquérir la liberté ravie,
Avez dans les combats exposé votre vie,
Elite d'Israël, bénissez le Seigneur.

Rois, écoutez ce chant; princes, prêtez l'oreille:
C'est moi qui vais chanter au Monarque du Ciel,
C'est moi qui vais chanter au grand Dieu d'Israël,
Dans l'hymne triomphal sa plus grande merveille.

Seigneur, quand tu sortais du désert de Séir,
Lorsque tu traversais les champs de l'Idumée
La terre s'ébranla; de nue et de fumée
L'on vit tout le Ciel s'obscurcir;
Les eaux à flots en descendirent;
Sous le brûlant regard de Dieu
Soudain les montagnes fondirent;
Le Sinaï s'abîma dans le feu.

De vos jours, nos chemins, si libres pour nos pères,
O Samgar, ô Jahel, étaient abandonnés;
Et quand des soins pressants sollicitaient nos frères,
Ils suivaient des sentiers obscurs et détournés.

Alors en Israël on ne vit plus de braves;
On n'en vit plus jusqu'au jour solennel
Où, pour briser de honteuses entraves,
Se leva Débora la mère d'Israël.

Le Seigneur a choisi de bien nouvelles sortes
d'armes et de combats :
Lui-même, déployant son bras,
De nos fiers ennemis a renversé les portes :
Quarante mille combattants
Sur tous ceux qui pouvaient prendre notre défense,
N'avaient, pour assurer ces succès éclatants,
Pas un seul bouclier, pas une seule lance.

Les princes d'Israël sont chéris de mon cœur :
Vous qui d'une ardeur volontaire
Vous êtes exposés au hasard de la guerre,
Elite d'Israël, bénissez le Seigneur.

Parlez, vous qui montez nos coursiers magnifiques,
Ou sans crainte occupez le trône de la loi,
Ou sur tous nos chemins circulez sans effroi :
De Dieu chantez la gloire en de brillants cantiques.

Qu'aux lieux même où l'on vit tant d'homicides chars
Se heurter, se briser, crouler de toutes parts;

Où l'armée ennemie ardemment attaquée
Dans les eaux des torrents disparut suffoquée,
On célèbre à l'envie les droits de Dieu vengés,
Sa clémence éclatant sur ses fils outragés.

Le peuple alors courant vers les portes des villes,
S'empara du pouvoir, gage de jours tranquilles.

Lève-toi, lève-toi, Débora, lève-toi;
Anime tes accents, dis le chant de victoire:
Va, fils d'Abinoëm; Barac, écoute-moi:
Saisis tes prisonniers et jouis de ta gloire.

Du peuple d'Israël les restes sont sauvés...
Dieu même a combattu par les mains de nos braves;
Brisant par Ephraïm nos premières entraves,
Il défit d'Amalec les guerriers soulevés.

Amalec, Benjamin sur tes peuples s'élance;
Les princes de Machir, les chefs de Zabulon
Descendent pour combattre aux rives du Cison :
Sous leurs ordres le peuple avec ardeur s'avance.
Les princes d'Issachar sont avec Débora,
Du foudroyant Barac ils marchaient sur la trace :
Et lui, comme en un gouffre ardent il pénétra
Au plus fort du danger qu'il regardait en face.

Ruben avec lui-même était en désaccord :
Un débat divisait ces princes magnanimes!
Ah! que vos sentiments n'étaient-ils unanimes.
Pourquoi de deux pays habitez-vous le bord,

Ecoutant des troupeaux le bêlement discord?
Ruben avec lui-même était en désaccord :
Un débat divisait ces princes magnanimes.
Au delà du Jourdain Galaad reposait;
Dan ne songeait qu'au soin d'armer quelque navire;
Azer vivait content près du liquide empire,
Agitant dans ses ports ce qui l'intéressait;
Tandis qu'à Mérome, défendant la patrie,
Nephtali, Zabulon lui prodiguaient leur vie.

Pour nous battre, des rois vinrent pleins de fierté :
Au pays de Tanach, près des eaux de Magedde,
Les rois de Chanaan, se prêtant tous leur aide,
Ensemble ont combattu, mais n'ont rien emporté :

Contre eux du haut du Ciel on soutint la bataille :
Les astres sans changer de marche ni de rang,
Leur livrèrent d'en haut un combat dévorant,
Nous donnèrent une ample et juste représaille.

Le Cison entraîna les monceaux de leurs morts :
Le torrent du Cison dans ses rapides ondes,
L'antique Cadomi dans ses vagues profondes.
Mon âme, foule aux pieds les cadavres des forts.

Même les plus vaillants, sous le vengeur sublime,
En fuyant s'élançaient tellement effrayés,
Qu'ils roulaient l'un sur l'autre au penchant de l'abîme;
La corne des chevaux se rompit à leurs pieds.

Maudissez de Méroz l'infidèle contrée,
Maudissez ses enfants, dit l'ange du Seigneur;

Ils ne sont point venus à la guerre sacrée,
N'ont point de nos guerriers secouru la valeur.

Que Jahel soit bénie entre toutes les femmes!
Sois bénie en ta tente, ô Jahel, mille fois!
Sisare, elle te sert, pour l'eau que tu réclames,
De la crême et du lait dans la coupe des rois.

D'un clou perçant et fort elle emplit sa main gauche,
Et saisit de la droite un grand et lourd marteau;
Et, pressant le dessein qu'en silence elle ébauche,
Elle frappa Sisare au travers du cerveau;
Et d'un bras vigoureux qu'en son sang elle trempe,
Elle enfonça le clou de l'une à l'autre tempe.

A ses pieds il roula, défaillit et mourut.
Il roulait, se tordait sous les pieds d'une femme;
Et lorsque dans l'angoisse il exhalait son âme
Et gisait tristement, nul ne le secourut.

Sa mère désolée, à travers la fenêtre
Portant au loin ses yeux, poussait des hurlements,
Disant: Pourquoi son char tarde-t-il à paraître?
Pourquoi de ses coursiers ces longs retardements?

Elle parlait ainsi dans la plus haute salle,
Devant l'essaim brillant des femmes de son fils.
L'une par sa sagesse entre elles sans égale,
Lui dit pour la calmer par d'utiles avis:

Peut-être en ce moment il règle les dépouilles;
Et l'on choisit pour lui la plus rare beauté.

Dans la part qu'on t'assigne au butin que tu fouilles,
Que d'éclat, de richesse et de variété!

Pour Sisare l'on entasse
Des habits précieux de diverses couleurs,
Et des tissus brodés sur l'une et l'autre face,
Dont nuls prix ne sauraient égaler les valeurs.
Et dans les jours de fêtes
Ils orneront nos têtes.

Qu'ainsi périssent tous, Seigneur, tes ennemis!
Mais comme le soleil, quand il naît de l'aurore,
Etincelle de feux dont la terre se dore;
Qu'ainsi d'un pur éclat brillent tous tes amis!

# CANTIQUE DE JUDITH.

Au bruit éclatant du tambour
Commencez du Seigneur à célébrer la gloire;
Au son de la cymbale entonnez en ce jour,
Chantez à notre Dieu l'hymne de la victoire.

Après des triomphes si beaux,
Dans les trésors de l'harmonie
Puisez pour lui des chants nouveaux,
Publiez de son nom la puissance infinie.

Invoquez tous son nom; son nom, c'est le Seigneur.
Il brise des combats l'indomptable fureur;
Il a placé son camp, il a dressé sa tente
Au sein de son peuple soumis,
Pour nous sauver des mains de nos fiers ennemis
Et tromper leur cruelle attente.

Dans un formidable appareil
J'ai vu l'Assyrien descendre des montagnes,
Venir de l'aquilon fondre sur nos campagnes,
Roulant dans son esprit un sinistre conseil.

Ses innombrables bataillons
Avaient de nos torrents encombré les rivages,
Et ses coursiers montrant d'impatients courages,
Avaient inondé nos vallons.

Il jurait de livrer tout mon pays aux flammes
Et mes petits enfants aux vils tyrans de l'air;
D'immoler mes guerriers par le tranchant du fer
Et d'asservir au joug mes filles et mes femmes.

Mais le Dieu tout-puissant l'a surpris, l'a frappé ;
Dans les mains d'une femme il a livré sa tête.
Et son noir projet de conquête
Avec son souffle impur soudain s'est dissipé.

Or, il n'est point tombé par le glaive des braves,
Lui pourtant si puissant, maître de tant d'esclaves;
Il n'a point expiré sous le bras des Titans,
Sous l'éclat du tonnerre ou les coups des autans :

Judith, oubliant son veuvage,
Judith, femme de Manassé,
Par les charmes de son visage
Judith seule l'a terrassé.

Elle se dépouilla des vêtements de veuve,
Prit des habits joyeux, pareils à l'arc-en-ciel,
Annonçant le triomphe aux enfants d'Israël;
Se para d'une robe éblouissante et neuve,
Pour séduire l'impie et venger notre affront;
D'un parfum précieux elle oignit sa figure;

Une mitre pressant les contours de son front,
Retint de ses cheveux l'élégante frisure.
Ses sandales du chef ravirent le regard;
Sa beauté portant la flamme
Captiva toute son âme;
Mais Judith l'égorgea de son propre poignard.

Sa constance, son audace
Fit frissonner d'horreur les Mèdes, les Persans;
Leur camp muet d'abord dans l'effroi qui le glace
Poussa, de désespoir, des cris longs et perçants,
Quand il vit apparaître
Mes humbles défenseurs
Qui, se sentant renaître,
Se faisaient mes vengeurs.

S'élançant à leur poursuite,
Quoique mourant de soif, mes jeunes citoyens
Percèrent de leurs traits les fiers Assyriens,
Ainsi que des enfants que la peur met en fuite.
Ils périrent en foule, expirant en tout lieu
Sous le brûlant regard du Seigneur, de mon Dieu.

Chantons au Seigneur un cantique;
A notre Dieu chantons des cantiques nouveaux:
« Vous êtes grand, Seigneur, vous êtes magnifique,
Et de votre puissance il n'est point de rivaux.

Que toutes vos créatures,
Vers vous levant des mains pures,
S'empressent à vous servir!
Vous parlez et votre Verbe

Du néant les fait sortir ;
Vous soufflez votre esprit : votre esprit fait surgir
De ce vaste univers l'édifice superbe ;
Nul être ne résiste à votre auguste appel.
Les monts à votre aspect trembleront sur leurs bases ;
Leurs eaux s'agiteront dans leurs immenses vases ;
Vous fondrez les rochers comme un rayon de miel.

Mais ceux qui dans leur cœur possèdent votre crainte
En toute chose, ô Dieu, seront grands devant vous.
Malheur au peuple qui, sur ma nation sainte,
Ose lever un bras qu'anime le courroux !
Le Seigneur tout-puissant, pour en tirer vengeance,
Viendra les visiter au jour du jugement :
Et pour leur infliger un digne châtiment,
Il éternisera l'horreur de leur souffrance ;
Il remplira leurs chairs d'inextinguibles feux
Et de vers qui, sans fin, s'acharneront sur eux. »

# CANTIQUE D'ANNE,

## MÈRE DE SAMUEL,

## OU TRIOMPHE DE L'ÉGLISE SUR LA SYNAGOGUE.

---

Mon cœur
A tressailli dans le Seigneur ;
Dieu même a relevé ma puissance et ma gloire ;
Et sur mes ennemis proclamant la victoire,
Ma bouche s'est ouverte avec un saint orgueil.
Tu fis à ma prière un bienveillant accueil,
Parce qu'en toi, Seigneur, en ta seule puissance,
J'avais placé ma joie et ma ferme espérance.

De notre Dieu, de notre Roi,
La sainteté n'a point d'égale,
Non, car il n'est, Seigneur, point d'autre Dieu que toi,
Et ta puissance est sans rivale.

Cessez donc de tenir un langage hautain;
Cessez de vous enfler d'une gloire éphémère;
Loin de vous les propos du superbe dédain
Dont vous m'avez longtemps servi la coupe amère.

Souvenez-vous que le Seigneur
Est le vrai Dieu de la science;
Et qu'il connait de notre cœur
La pensée avant sa naissance.

L'arc des forts s'est brisé; le faible l'a vaincu:
Le faible par son Dieu de force revêtu.
Ceux qui nageaient d'abord au sein de l'abondance
Ont loué leurs bras pour du pain;
Et ceux que pressait l'indigence
Ont à souhait rassasié leur faim.

L'épouse auparavant stérile
A donné de nombreux enfants;
Et celle qui, d'abord florissante et tranquille,
Reposait ses yeux triomphants
Sur sa nombreuse descendance,
A vu tout à coup se tarir
La source de sa complaisance
Et son espoir s'envoler et périr.

Dieu seul donne la mort et ramène à la vie,
Conduit jusqu'aux enfers, en ramène à son gré;
Fait le pauvre et le riche; il exalte, humilie;
Disposant du plus haut et du plus bas degré.
Il tire l'indigent du sein de la poussière,
Et ce pauvre qu'il voit couché sur la litière,

Il l'élève et le place au rang des potentats;
Et sur tous ses rivaux lui donnant la victoire,
Et le prémunissant contre les attentats,
En paix le fait asseoir sur un trône de gloire.

Les pôles de la terre appartiennent à Dieu!
C'est sur ce fondement qu'il a posé le monde:
Il protége les pas de ses saints en tout lieu;
Mais les méchants, plongés dans une nuit profonde,
Sous sa main garderont un silence de mort:
Car l'homme ne se peut fixer un heureux sort.
Devant Dieu trembleront ses faibles adversaires
Lorsque du haut des cieux
Il tonnera sur eux,
Et les accablera de ses grandes colères.

Le Seigneur étendra son arrêt solennel
Sur tous les confins de la terre;
Au Roi qui lance son tonnerre
Donnera l'empire éternel;
Et de son Christ, exaltant la puissance,
Et sous ses pieds abaissant l'univers,
A son sceptre éclatant, conquis par sa vaillance,
Il soumettra le ciel, la terre et les enfers.

# PSAUME LXVII.

**Triomphe de Jésus-Christ et de l'Eglise.**

---

Que Dieu se lève et qu'à sa vue — La Résurrect Jésus-Chr
Ses ennemis soient dissipés;
Qu'ils soient semblables à la nue — Les Juifs, les d
Qui s'enfuit sous les vents glacés;
Comme disparaît la fumée,
Qu'ainsi périsse leur armée;
Ou comme sous l'ardeur du feu
L'on voit soudain fondre la cire,
Que les pécheurs dans leur délire
Fondent sous le regard de Dieu !

Mais vous, justes, en sa présence
Célébrez des banquets divins; — L'Euchari
Goûtez la paix de l'innocence — La parole de
Et les délices des festins; — La bonne con
Et dans une pieuse ivresse
Suivant vos transports d'allégresse,

De Dieu publiez la grandeur;
Devant lui tressaillez de joie :
A ce guerrier ouvrez la voie;
Sur la mort il marche en vainqueur.

Applaudissez à sa victoire;
Chantez : le Seigneur est son nom.
Mais les méchants voyant sa gloire,
Frappés de l'éclat de son front,
Seront soudain remplis de trouble.
Son œil démêle le cœur double;
C'est le père de l'orphelin;
Des veuves juge favorable,
Il tend une main secourable
Au faible opprimé sous le lin.

Ce Dieu qui dans son sanctuaire
Habite et règne au haut des cieux,
C'est lui qui, même sur la terre,
Dans sa maison et sous ses yeux,
Réunit comme une famille
Ceux qu'unit son auguste fille,
La tendre et sainte charité;
C'est lui de qui la main puissante
Délivre et conduit triomphante
L'humble et triste captivité.

Il fit aussi de leur demeure
Sortir les tyrans, les bourreaux;
Mais du châtiment c'était l'heure :
Il les logea dans des tombeaux.

Dieu! quand sous ta brillante égide,
A ton peuple servant de guide,
Tu t'avançais dans le désert,
La terre alors fut ébranlée ;
La nue, en manne distillée,
Descendit du ciel entr'ouvert.

Toi qui produisis ces merveilles,
Dieu du Sina, Dieu d'Israël;
Qui sur ton peuple toujours veilles
Comme un pasteur du haut du ciel;
Tu garderas pour l'héritage — L'Eglis
Qui doit être ton apanage
Durant tous les siècles futurs,
Une pluie et douce et féconde
Qui fertilisera le monde,
Pour donner au ciel des fruits mûrs.

Hélas! à quel point de détresse — A la mort et la résurre de Notre-Se
Cet héritage est-il réduit?
Mais bientôt quittant sa faiblesse
Sous la droite qui le conduit, — Progrès de l'
Partout il s'étend, il prospère;
Tes brebis de toute la terre,
S'y pressent en nombreux troupeaux,
Cherchant une douce pâture :
Au pauvre pour sa nourriture
Tu dresses des banquets royaux.

Aux conquérants de l'évangile
Dieu départira son pouvoir,

Et sa parole ardente, agile,
Qu'en tous lieux ils feront pleuvoir.
Ciel! quelles rapides conquêtes!
Et quelles magnifiques fêtes,
Quel beau, quel splendide festin,
Lorsqu'à sa beauté bien-aimée
Le roi de la nouvelle armée
Fera partager le butin!

Au milieu du double héritage
Si vous prenez votre sommeil,
De la colombe le plumage
A l'argent deviendra pareil ;
Son dos, dans des rapports fidèles,
Se transformant avec ses ailes,
Vêtira la paleur de l'or :
Quand le roi du ciel à ses princes
Aura désigné leurs provinces,
Les peuples blanchiront encor.

Ils blanchiront comme la neige
Sur la montagne de Selmon.
O montagne de privilége,
Montagne de Dieu, sacré mont
Entre tous les autres fertile;
Devant toi tout autre est stérile!
Pourquoi songez-vous à compter
Plus d'une montagne féconde?
Il n'en est qu'une seule au monde :
Celle où Dieu se plaît d'habiter.

Il y fixera sa demeure
Durant les siècles éternels.
Là, dix mille anges, à toute heure
Veillant aux ordres paternels,
Composent son char de victoire;
Heureux sous le poids de sa gloire,
Ils montrent des fronts radieux.
Ce même Dieu, qui de ses anges
Au Sina guida les phalanges,
Est au sanctuaire des cieux.

Tu t'élevas vers l'empyrée L'Ascensio
Avec tes captifs triomphants,
Et sur notre terre altérée
Tu versas les dons des enfants; La Pentecô
Ceux même qui ne pouvaient croire
Que Dieu descendu de sa gloire,
Habitât au milieu de nous,
Tu les gagnas à ton empire.
Ah! que chaque jour qu'il fait luire
Le Seigneur soit béni de tous!

Dieu, dont la tendresse de père
Nous sauve ainsi de tout danger,
Rendra notre course prospère
Durant cet exil passager.
A lui seul notre délivrance:
Tout salut est en sa puissance;
Il tient en ses mains notre sort:
Arbitre de nos destinées,
Son amour tresse nos années
Et nous retire de la mort.

âtiment
rsécuteurs.

Il brisera la tête altière
De ses superbes ennemis,
Qui suivent sans frein leur carrière
De crimes trop longtemps commis :
De Basan, dit-il, mes justices
Vont les arracher aux délices
Et la mer va les dévorer.
Je vois dans le sang du carnage
Tes pieds se rougir au passage
Et tes chiens s'y désaltérer.

Dieu! l'on vit tes pas magnifiques,
Les pas de mon Roi, de mon Dieu,
Qui sur les trônes séraphiques
Siége et règne dans le saint lieu :
Princes de l'Eglise terrestre,
Musiciens du divin orchestre,
Jeunes filles avec tambour
Soudain courent sur son passage,
Et pour lui rendre un juste hommage
Forment une brillante cour.

Pendant ses marches triomphantes
Tous chantaient : Enfants d'Israël,
Au sein des églises naissantes
Bénissez le Seigneur du ciel.
Là se voyaient, brûlant de zèle,
t Paul.
Benjamin et jeune et fidèle,
Dans une extase enseveli ;
Jacques,
n, Jude,
es Apôtres.
De Juda les chefs vénérables,
Ainsi que les princes aimables
De Zabulon, de Nephtali.

Commande encore à ta puissance
De confirmer en notre cœur
L'ouvrage que dans ta clémence
Tu viens de consommer, Seigneur !
Alors du haut de ton saint temple,
Qu'en Jérusalem l'on contemple,
Les rois t'offriront leurs présents.
Ecarte de ta main puissante
La bête impure et malfaisante — *Le démon.*
Qui gît sous les joncs frémissants.

Parmi leurs peuples en furie — *Les persécuteurs*
Les rois, tels que de fiers taureaux, — *de l'Eglise.*
Ont fait une alliance impie
Contre tes enfants nouveaux.
A l'argent, vois, ils sont semblables :
Dissous ces ligues formidables
Qui soufflent contre eux leurs fureurs :
L'Egypte de ses sacrifices — *Conversion*
Alors t'enverra les prémices — *des Gentils.*
Par ses pieux ambassadeurs.

Et l'Ethiopie elle-même
Du fond de ses climats lointains
Vers le Seigneur le Dieu suprême
Avant elle tendra les mains.
Chantez, royaumes de la terre,
Au maître unique du tonnerre,
Chantez un cantique joyeux :
De Dieu célébrez la victoire,
Quand vers l'Orient dans la gloire
Il monte sur le ciel des cieux.

Jugement.

A sa voix il va de la force
Donner tout l'éclat solennel ;
De rendre gloire qu'on s'efforce
A Dieu si bon pour Israël.
Dans les nuages sa puissance
Retrace sa magnificence :
Plus admirable dans ses saints,
A son peuple il donne lui-même
Force, vertu, bonheur suprême.
Béni soit Dieu dans ses desseins !

# PSAUME LXXVIII.

Le prophète, en implorant le secours de Dieu
contre ses ennemis,
prie pour l'Eglise persécutée.

---

Mon Dieu, les peuples conjurés
Ont envahi ton héritage;
Souillé ton temple auguste et ses parvis sacrés,
De leurs impures mains devenus le partage;
Réduit Jérusalem, notre chère cité,
A ne plus ressembler qu'à la hutte sauvage
Où se gardent les fruits mûris pendant l'été.

Ils ont de tes saints expirants
Livré les dépouilles sanglantes
Aux bêtes de la terre, aux oiseaux dévorants
Qui venaient se gorger de leurs chairs pantelantes.
Et l'on a vu leur sang, répandu comme l'eau,
Et versé sans pitié de leurs veines fumantes,
Autour de la cité former un long ruisseau.

Et point de généreuses mains
Pour leur donner la sépulture.....
Devenus le jouet de nos cruels voisins,
Nous sommes abreuvés et d'opprobre et d'injure...
Jusques à quand, Seigneur, durera ton courroux?
Jusqu'à quand verrons-nous, vengeant notre parjure,
Ton ire, comme un feu, s'enflammer contre nous?

. Ah! plutôt répands ta fureur
Sur ces nations infidèles
Qui jamais n'ont voulu te connaître, Seigneur!
Frappe, frappe, ô mon Dieu, ces royaumes rebelles
Dont les langues jamais n'invoquèrent ton nom,
Qui, dévorant Jacob, ont, de leurs mains cruelles,
Désolé son pays, ses champs et sa maison.

Efface de ton souvenir
Nos infidélités passées.
Vois l'excès de nos maux : prompte à nous prévenir,
Que ta bonté sur nous tombe en douces rosées;
O Dieu, notre Sauveur, viens à notre secours;
Pardonne nos péchés, redresse nos pensées,
Sauve un peuple qui n'a, hors de toi, nul recours!

Nous t'en conjurons, sauve-nous,
Pour ton honneur et pour ta gloire!
Ne souffre pas, Seigneur, que les peuples jaloux,
Se tenant assurés d'une pleine victoire,
Disent en triomphant : Où donc est-il leur Dieu?
Venge de tes amis le sang et la mémoire;
Conduis chez leurs tyrans la vengeance en tout lieu.

Et fais que nos yeux soient témoins
Des coups puissants de ta colère.
De captifs, autrefois tendre objet de tes soins,
Entends la voix plaintive et l'ardente prière !
Garde comme des dons qui te sont consacrés
Les fils des malheureux que la haine étrangère,
En mépris de ton nom, Seigneur, a massacrés.

De ton bras fais voir la grandeur :
Sur nos cruels voisins décharge
Sept fois autant de maux que leur noire fureur
Nous en a fait porter comme une horrible charge !
Rends-leur sept fois autant d'opprobre et de mépris
Qu'ils en ont adressés (combien profond et large !)
A ta gloire, à ton nom que leur langue a flétris !

Prophétie sous f
d'imprécation

Pour nous, ton peuple favori,
Brebis de tes saints pâturages,
Délivrés de nos maux par ton pouvoir chéri,
Ah ! nous te bénirons, Seigneur, dans tous les âges;
De l'aurore au couchant, du sud à l'aquilon,
T'offrant de race en race un long tribut d'hommages,
Nous ne cesserons point de célébrer ton nom !

# PSAUME LXXIX.

Gémissements et prière des Israélites captifs et de l'Eglise persécutée.

---

Vers nous incline ton oreille,
Toi qui règnes sur Israël;
Toi qui conduis du haut du ciel,
Tel que le bon pasteur qui veille,
Joseph, ta fidèle brebis;
Qui du monde à ton gré disposes,
Qui sur les chérubins reposes,
Comme un roi sur son trône éclatant de rubis!

Ah! du haut de ton sanctuaire,
Aux yeux du triste Benjamin,
De ton regard pur et serein
Fais luire la douce lumière!
D'Ephraïm regarde les pleurs;
De Manassé vois la détresse;
Et viens dissiper leur tristesse
En montrant de ton front les bénignes splendeurs!

Réveille ta puissance
Et viens, viens nous sauver;
Convertis-nous, Seigneur, rends-nous ta bienveillance:
D'un regard de tes yeux tu peux nous raviver.

Mais loin d'exaucer leur prière,
Jusques à quand, Dieu des vertus,
Sur tes serviteurs abattus
Voudras-tu verser ta colère,
Et les abreuver de leurs pleurs,
Et les nourrir du pain des larmes,
Et, multipliant leurs alarmes,
Les accabler, hélas! sous le poids des douleurs?

Grand Dieu, des peuples infidèles
Rangés autour de nos confins
Armant et les cœurs et les mains,
Tu nous suscitas des querelles;
Et dans notre captivité,
Aux rigueurs d'un dur esclavage
Nos ennemis joignant l'outrage,
Ont à notre malheur en riant insulté!

Réveille ta puissance
Et viens, viens nous sauver;
Convertis-nous, Seigneur, rends-nous ta bienveillance:
D'un regard de tes yeux tu peux nous raviver.

C'est la vigne par toi d'Egypte transportée:
Devant elle opérant cent prodiges divers,
Et chassant de leur sol trente peuples pervers,
Toi-même, de tes mains, ô Dieu, tu l'as plantée.

Guide toujours présent tu conduisis ses pas :
Tu fixas en son lieu sa racine féconde;
Et bientôt, s'étendant, elle remplit le monde;
Aux grands cèdres ses plants ne le cédèrent pas.

Et son ombre couvrit les plus hautes montagnes;
Ses vigoureux provins et ses puissants rameaux
Enlaçant de leurs bras les immenses campagnes,
Du grand fleuve à la mer portèrent ses réseaux.

Un mur lui servait de défense :
Pourquoi, Seigneur, l'as-tu détruit?
Vois tous les passants de son fruit
La dépouiller sans résistance.
Le noir sanglier des forêts
De son pampre a fait sa pâture;
Ce monstre, effroi de la nature,
En a détruit les ceps, renversé les guérets.

Retourne-toi, Dieu des armées,
Vers nous, tes enfants; et, des cieux,
Daigne encore abaisser les yeux
Sur nos régions alarmées.
Vois et descends; viens visiter
Les ruines de cette vigne
Que par une faveur insigne
Ta droite voulut bien elle-même planter.

Viens, viens réparer ses outrages,
Oh! viens parfaire sa beauté!
Songe à celui dont la bonté
Daigna nous donner tant de gages;

Quand tu l'enverras, ô mon Dieu,
A l'ordre de ton œil sévère
Disparaîtront de notre terre
Les ravages du fer, des monstres et du feu!

Etends ta main, Seigneur, sur l'homme de ta droite
Et sur le Fils de l'homme, objet de notre espoir,
Promis pour nous tracer la règle du devoir
Et faire une alliance avec toi plus étroite!

Et rien ne saura plus nous éloigner de toi;
Tu nous vivifieras aux sources de la vie;
Et nous ne cesserons, fidèles à ta loi,
D'invoquer de ton nom la puissance infinie!

Réveille ta puissance
Et viens, viens nous sauver.
Convertis-nous, Seigneur, rends-nous ta bienveillance :
D'un regard de tes yeux tu peux nous raviver.

# ÉLÉGIE

Tirée du psaume XLI.

SOUPIRS DE L'EXILÉ VERS LA PATRIE.

Comme un cerf altéré soupire
Vers les sources fraîches des eaux,
Vers toi, mon Dieu, mon âme aspire,
Lasse du poids de ses travaux.

Ah! de soif mon âme brûlante
Vers le Dieu vivant, le Dieu fort
S'élance, et croit dans son transport
Entrevoir sa maison brillante.

Quand pourrai-je quitter ce lieu,
Ce lieu de mon pèlerinage,
Pour entrer dans mon apanage
Et me présenter devant Dieu?

Dès longtemps, jour et nuit, mes larmes
Sont le pain dont je me nourris ;
Ils me disent dans leur mépris
Doublant chaque jour mes alarmes :

Où donc est-il ton Dieu? Mon cœur
Au souvenir de cette insulte
Faite au cher objet de mon culte,
En mon sein se fond de douleur.

Et je répands en moi mon âme
Dans les ardeurs du saint amour ;
Et mon désir toujours s'enflamme
De voir paraitre l'heureux jour.

O jour de bonheur et de gloire
Qui terminera mes malheurs ;
Beau jour qui séchera mes pleurs
Et m'assurera la victoire !

J'irai dans ce lieu consacré
Par l'admirable tabernacle
Où, des profanes ignoré
Est de Dieu le saint habitacle.

Là, par les plus brillants concerts
Et d'allégresse et de louanges,
Les heureux convives des anges
Expriment leurs transports divers.

Pourquoi, mon cœur, cette tristesse?
Et pourquoi troubles-tu mes sens?

Espère en Dieu, car sa tendresse
Me délivrera, je le sens.

Et je pourrai louer encore,
Chanter son bras libérateur,
Et dire à celui que j'adore :
Sois béni, mon Dieu, mon Sauveur !

Mon âme est troublée en moi-même!
Ah! je me souviendrai de toi,
Mon Dieu, mon Seigneur et mon Roi,
Mon espoir et mon bien suprême.

Je me souviendrai de ton nom,
Du Jourdain contemplant les ondes,
Ou dans les retraites profondes
De l'humble montagne d'Hermon.

L'abîme appelle un autre abîme,
Lorsque tombant avec fracas,
Tes cataractes, par éclats,
Font entendre leur voix sublime.

Ainsi toutes les profondeurs
De l'orage et de la tempête,
Et tous les flots de tes fureurs,
Je les vis passer sur ma tête.

Mais le Seigneur pendant le jour
M'envoya sa miséricorde :
Et pendant la nuit, à mon tour,
Je chante le don qu'il m'accorde.

Et dans le secret de mon cœur
Voici la prière bénie
Que j'adresse au Dieu de ma vie :
Je dis : Toi seul es mon Sauveur.

O toi mon espoir, mon refuge,
Pourquoi m'as-tu donc oublié?
De chagrin pourquoi ce déluge
Où je marche comme noyé?

Regarde, l'ennemi s'obstine
Sans fin, sans trêve à m'affliger;
Mes os se brisent à songer
Aux outrages qu'il me destine.

Mes persécuteurs en tout lieu,
Avec un insultant sourire,
Ne cessent tous les jours de dire :
Dis-nous, où donc est-il ton Dieu?

Pourquoi, mon cœur, cette tristesse?
Et pourquoi troubles-tu mes sens?
Espère en Dieu, car sa tendresse
Me délivrera, je le sens.

Et je pourrai louer encore,
Chanter son bras libérateur;
Et dire à celui que j'adore :
Sois béni, mon Dieu, mon Sauveur!

# IDYLLE

Tirée du psaume XXII.

---

Oui, le Seigneur
Est mon pasteur :
Brillant est mon partage,
Et rien ne me manquera :
Dans son plus riche pâturage
Il a fixé mon héritage,
Et le Seigneur m'y gardera.

Oui, le Seigneur
Est mon pasteur :
Auprès d'une eau qui rend et vigueur et liesse
Il a nourri ma jeunesse ;
Il a converti mon cœur.

Pour l'honneur de son nom,
En pasteur juste et bon,
Dans les sentiers de la justice
Lui-même a dirigé mes pas :

Il ne m'abandonnera pas;
Il me sera toujours propice
Pour l'honneur de son nom.

Quand je cheminerais dans l'ombre de la mort
Je marcherais sans crainte;
Tu marches avec moi : sous ta houlette sainte
Je suis en sûreté contre les coups du sort.

Par les douces rigueurs que souvent ils m'infligent,
Ta verge et ton bâton, Seigneur, m'ont consolé :
Pour me fortifier contre ceux qui m'affligent,
Tu dressas une table où je fus appelé;
Tu versas sur mon chef l'huile qui renouvelle;
Et ma coupe enivrante, ô mon Dieu, qu'elle est belle!

Et ta grâce, Seigneur, me suivra tous les jours
Jusques au terme de ma vie;
Et m'ouvrant de mon Dieu la demeure chérie,
Elle m'y fixera pour toujours, pour toujours!

## PSAUME CXIII.

Lorsqu'Israël sortant de l'esclavage
Quittait des Pharaons le funeste séjour;
Lorsque fuyant du Nil l'homicide rivage,
Jacob vers Chanaan commençait son retour,
La nation des Juifs, des autres séparée,
A Dieu fut consacrée;
Sur elle Dieu fixa son sceptre et son amour.

Israël poursuivait sa course,
Par le Seigneur même conduit:
La mer en le voyant s'enfuit;
Et le Jourdain remonta vers sa source.

Comme on voit les béliers bondir aux jours nouveaux,
Ainsi les montagnes bondirent,
Et les collines tressaillirent
Comme autour des brebis tressaillent les agneaux.

O mer, pourquoi pris-tu la fuite?
Pourquoi, Jourdain, as-tu remonté tes sentiers?

Montagnes, qu'aviez-vous, que dans leur longue suite
Vos sommets ont bondi comme font les béliers?
Et qu'aviez-vous, humbles collines,
Qu'autour des montagnes voisines
Vous avez ressauté sur vos flancs en débris,
Ainsi que des agneaux effrayés et surpris?

C'est Dieu, par son regard, qui fit trembler la terre;
C'est le Dieu de Jacob qui changea le rocher
En des étangs d'eau vive, et convertit la pierre
En sources qui suivaient son peuple passager.

Rien pour nous, rien pour nous, Seigneur, de cette gloire;
Donne-la tout entière à ton auguste nom;
C'est l'œuvre de ton cœur tout-puissant et tout bon;
De tes serments tu t'es rappelé la mémoire
Pour que les nations n'osent plus demander:
Où donc est-il leur Dieu? Qu'il se fasse connaître!
Notre Dieu règne au ciel; vous l'avez vu paraître:
Il fait tout ce qu'il veut; il n'a qu'à commander.

Mais des nations les idoles,
Faites avec l'or et l'argent,
Sont l'œuvre des hommes frivoles
A l'être faible et contingent.

Elles ont une bouche et leur bouche est muette;
Des yeux qui ne voient point, et des pieds sans marcher;
Un nez sans odorat, et des mains sans toucher;
Des oreilles: nul son ne peut en approcher;
Leur poitrine au dehors pas un seul cri ne jette.

Que tous ceux qui les font
Leur deviennent semblables,
Et ceux qui vénérant ces objets méprisables,
Hélas ! n'ont pas rougi sur eux de faire fond.

La maison d'Israël a mis son espérance
Dans le Seigneur :
Le Seigneur est son aide ; il est son protecteur.
La maison d'Aaron a mis sa confiance
Dans le Seigneur :
Le Seigneur est son aide ; il est son protecteur.
Ceux que remplit sa crainte ont mis leur espérance
Dans le Seigneur :
Le Seigneur est leur aide ; il est leur protecteur.

Ah ! dans sa pieuse tendresse
Dieu s'est ressouvenu de nous,
Et des trésors de sa largesse
Il a daigné nous bénir tous.

Il a béni Jacob et toutes ses familles ;
Il a béni d'Aaron et les fils et les filles ;
Il a béni tous ceux qui craignent le Seigneur,
Les petits et les grands confondus dans son cœur.

Qu'il ajoute aux bienfaits de sa munificence
Sur vous, sur vos enfants et vos derniers neveux ;
Soyez bénis de Dieu ; du Dieu dont la puissance
Fit la terre et les cieux.

Le Ciel des cieux est au Souverain Maître :
Il a donné la terre aux enfants des humains.

Seigneur, ceux que la mort enserre dans ses mains
Ne sauraient te louer et te faire connaître,
Ni ceux qui de l'enfer vont au sombre séjour :
Mais nous, Seigneur, nous qui jouissons de la vie,
Toujours nous bénissons de ta bonté chérie,
Jusqu'à la fin des temps les bienfaits et l'amour.

# PSAUME LXIV.

**Le peuple de Dieu partant de Babylone pour retourner à Jérusalem,**

OU

## CHANT DU DÉPART DE L'EXILÉ POUR SA PATRIE.

---

Il est juste, Seigneur, de chanter à ta gloire
Un hymne dans Sion, séjour de nos aïeux ;
Et, d'un nouveau bienfait consacrant la mémoire,
Dans la sainte Salem nous te rendrons nos vœux.

Exauce ma prière :
Toute chair, de ta loi
Recevant la douce lumière,
Viendra s'incliner devant toi.

Des méchants, il est vrai, la dure tyrannie
Sur nous a prévalu ; nous l'avons mérité ;
Seigneur, ta clémence infinie
Oubliera notre impiété.

Heureux celui que tu daignas élire
Et prendre sous tes lois pour t'aimer comme un fils!
Admis sous ton aimable empire
Il habitera tes parvis.

Là, dans la maison paternelle,
De tous les périls délivrés,
Enfants, à l'abri de ton aile,
De biens nous serons enivrés.

Il est saint, il est pur le temple
Où réside ta majesté;
Et tout ce que l'on y contemple
Est d'une admirable équité.

O Dieu, notre sauveur, entends notre prière,
Toi, l'espoir des peuples divers,
Jusqu'aux limites de la terre,
Jusqu'aux extrémités des mers;

Toi qui, revêtu de puissance,
Des monts affermis les hauteurs,
De l'Océan troubles les profondeurs,
Et soulèves des flots la bruyante insolence.

Tu montres dans les cieux tes signes éclatants:
Soudain tu fais pâlir les nations troublées,
Et tu remplis d'effroi même les habitants
Des plages les plus reculées.

Tu me combles aussi de joie et de plaisir
Quand tu montres les feux de la riante aurore,

Les gracieux rayons dont le soir se colore,
Les étoiles brillant sur leur moelleux saphir.

Tu visites la terre et ton regard l'enivre;
Et tu jonches son sein d'innombrables produits;
Et joyeuse elle nous livre
Le riche trésor de ses fruits.

Le fleuve de Dieu sur ses rives
Epand le trop plein de ses eaux;
A tes enfants bénis de tes mains attentives
Tu prépares ainsi des aliments nouveaux.

De notre terre chérie
Enivre les heureux sillons,
Et sans mesure multiplie
Les germes et les plants des coteaux, des vallons.

Nos campagnes fécondées
Par les célestes ondées
Enfanteront en riant leurs moissons.

De l'an que ta bonté nous donne
Si ton cœur bénit la couronne,
De fruits accumulés tes champs seront remplis;
L'oasis du désert de fleurs et de verdure
Aux yeux étalera ses ravissants tapis;
Les collines ceindront leur riante parure;
D'une longue progéniture
Les béliers fièrement marcheront entourés;
Et riches de froment aux longs épis dorés,

Et fiers de leur richesse,
Les vallons tour à tour
Pousseront des cris d'allégresse,
Et te diront des chants de louange et d'amour.

# PSAUME LXXIII.

**Plaintes des Juifs et des Chrétiens persécutés.**

---

Nous as-tu donc, ô Dieu, rejetés pour toujours,
Et contre les brebis de tes saints pâturages
Déchaînant les orages,
Veux-tu de ta fureur éterniser le cours?

Rappelle-toi, Seigneur, les saintes colonies
Dont la réunion fit ce peuple si beau,
Pour lequel tu montras des bontés infinies
Et dont tu fus le roi dès son premier berceau.

De ce béni, de ce cher héritage
Tu rachetas le sceptre et te fis son appui;
Et ce fut dans Sion, devenu son partage,
Que tu régnas sur lui.

Lève tes mains, abats pour jamais leur superbe!
Quels maux affreux l'impie a faits dans le lieu saint!

Même il ne cache plus son funeste dessein :
Tes ennemis, haussant et le front et le verbe,
S'en vantent au milieu de tes solennités
Et se font gloire, ô Dieu, de leurs impiétés.

Ainsi qu'en un jour de conquête,
Oubliant les plus saints égards,
Du temple ils ont souillé le faîte
En y dressant leurs étendards.

Ils se sont formés en cohortes
Et de la hache armant leurs mains,
Ils en ont abattu les portes
Comme d'une forêt ils abattraient les pins.

Et poursuivant sa triste tâche
Sur les maisons de la cité,
A coups de cognée et de hache
Leur fureur a tout dévasté.

Ils ont brûlé ton sanctuaire
Assis au haut du sacré mont,
Et profané dans la poussière
La tente où reposait la gloire de ton nom.

D'un concert unanime
Leur ligue l'a juré dans le fond de son cœur :
De la terre, ont-ils dit, bannissons comme un crime
Toutes les fêtes du Seigneur.

Ils ont ainsi parlé : cependant nul prodige
Ne vient, comme autrefois, éclater à nos yeux ;

Il n'est plus de prophète et, quoiqu'on nous afflige,
Dieu ne nous connait plus, il n'entend plus nos vœux.

Combien de l'ennemi dureront ces outrages?
Souffriras-tu, Seigneur, qu'il t'insulte sans fin?
Ta main seule pourrait dissiper les orages :
Veux-tu la détourner à jamais de ton sein?

Dieu pourtant, notre roi dès les plus anciens âges,
Tu nous sauvas jadis : en déployant ton bras,
Tu raffermis la mer ouverte sur nos pas;
Etouffas dans ses eaux les dragons de ses plages;
Brisas même la tête au prince des dragons;
Aux Ethiopiens le donnas en pâture;
Fis jaillir de la pierre, oubliant sa nature,
Des sources, des torrents qui suivaient les vallons;
Tu desséchas le lit des plus rapides fleuves;
Par toi le jour, par toi la nuit fait son chemin;
L'aurore et le soleil sont l'œuvre de ta main,
Et de ton saint pouvoir les éclatantes preuves;
De la terre tu fis les immenses contours;
Le printemps et l'été te doivent leurs atours.

Souviens-toi donc de ta puissance;
Souviens-toi que l'impie a blasphémé ton nom,
Et qu'un peuple insensé, revêtu d'insolence,
A défié ton bras dans la sainte Sion.

Seigneur, ne livre pas aux bêtes
Les âmes de tes serviteurs
Qui confessent ton nom et célèbrent tes fêtes;
Vois tes pauvres, brisés par leurs persécuteurs,

Humblement recourir à tes bontés premières,
Et daigne ne les pas oublier pour jamais;
Renouvelle pour eux tes antiques bienfaits;
Relis le testament que tu fis à leurs pères.
Vois : de vils ravisseurs, rebut des nations,
Se gorgent de nos biens, possèdent nos maisons.
N'éconduis pas, Seigneur, le faible qui t'appelle;
Qu'il ne s'en aille pas confus et rebuté !
Le pauvre et l'indigent publieront ta bonté...
Lève-toi, mon Dieu, viens et juge ta querelle :
En jugeant souviens-toi des reproches amers
Que, durant tout le jour, t'adressent des pervers.

Ne perds pas non plus la mémoire
Des blasphèmes affreux qui forment leurs discours :
Ils attentent même à ta gloire
Et leur orgueil monte toujours.

## PSAUME XLIV.

**Epithalame spirituel ou Eloge de Jésus-Christ et de l'Eglise.**

---

Une bonne parole a jailli de mon âme :
Mes œuvres sont au Roi qui m'inspire et m'enflamme.
Ma langue est une plume aux doigts de l'écrivain,
Qui court docilement sous sa rapide main.

En attraits les humains te cèdent tous les armes ;
Sur tes lèvres la grâce a versé tous ses charmes,
Et Dieu, ravi lui-même en voyant ta beauté,
T'a béni pour le temps et pour l'éternité.

Ceins-toi de ton épée, ô très-puissant Monarque !
Muni de tes appas, de tes charmes vainqueurs,
Va, marche en conquérant et règne sur les cœurs !
Règne par la bonté des forts la noble marque,
Et par la vérité qui porte le flambeau,
      Et par la justice qui veille ;
      Et dès le sein de ton berceau
Ta main te guidera de merveille en merveille ;

Tes flèches abattront les peuples devant toi
Et frapperont au cœur les ennemis du Roi.

Ton trône, ô Dieu, subsiste à jamais immuable;
Le sceptre de ton règne est un sceptre équitable.
Tu détestas l'iniquité
Et chéris, ô Dieu, la justice :
C'est pourquoi, désormais, à l'univers propice,
Ton Dieu t'a sacré Roi, Roi pour l'éternité;
Mais t'a sacré d'une huile et plus sainte et plus pure
Que tes heureux consorts de gloire et de nature.

De tes vêtements précieux
Tirés des cabinets d'ivoire
Sort un parfum délicieux,
Plus doux que l'on ne saurait croire,
De myrrhe et de cannelle, et d'ambre et d'aloès,
Que les filles des rois, jalouses de te plaire,
Ont préparé dans le mystère
Pour charmer ton triomphe après tant de succès.

A ta droite, debout, la reine s'est montrée
D'or et d'atours divers pompeusement parée.
Entends, ma fille, entends; ma fille ouvre les yeux
Et prête une oreille attentive;
En voyant de ton sort l'aimable perspective,
Mets ton peuple en oubli, ton père et tes aïeux;
Alors de ta beauté convoitera les charmes
Le Roi, ton Seigneur et ton Dieu,
Celui qu'adoreront les peuples en tous lieux :
Et les filles de Tyr, loin de verser des larmes,

Viendront avec amour t'apporter des présents;
Et les riches du peuple, en t'offrant leur hommage,
        Imploreront de ton visage
          Les regards bienfaisants.

De la fille du Roi les gloires pacifiques
Lui viennent du dedans; elle brille sans fard
Entre les franges d'or, les atours magnifiques
Dont son manteau royal enchante le regard.

Des vierges à la face innocente et sereine
Seront, en la suivant, conduites vers le Roi;
Mais celles qui toujours, plus fortes dans leur foi,
Marchèrent de plus près sur les pas de la reine,
Comme de rares fleurs et des dons précieux,
Te seront avec elle en triomphe apportées;
Elles pénétreront, de plaisir transportées,
Dans le secret du temple auprès du Roi des Cieux.

Reine, pour remplacer tes aïeux et ton père,
Des enfants te sont nés; et sur toute la terre
Tu les établiras pour lui donner des lois
D'âge en âge; et toujours de ton nom, de ta gloire
Ils garderont partout chèrement la mémoire.
Formés à leurs leçons, dociles à leur voix,
          Pleins de reconnaissance
Pour toi qui leur donnas une sainte naissance,
          Les peuples à jamais
Publieront ton amour, ta gloire et tes bienfaits.

✝

## PSAUME LXXXIV.

Réconciliation du ciel avec la terre.

---

Vous avez, ô mon Dieu, béni votre héritage;
Vous avez de Jacob éloigné l'esclavage;
De votre peuple ingrat remis l'iniquité
Et couvert du pardon son infidélité;
Vous avez adouci toute votre colère
Et du courroux vengeur déposé le tonnerre.

Convertissez-nous donc, ô Dieu notre Sauveur,
Et détournez de nous votre juste fureur;
Votre ire contre nous sera-t-elle éternelle?
De race en race, hélas! sans fin s'étendra-t-elle?
O Dieu, tournez vers nous vos regards apaisés:
Et vous rendrez la vie à nos cœurs tout brisés;
Et vous nous fixerez dans votre sainte voie;
Et votre peuple en vous retrouvera la joie.
Montrez-nous le pardon qui vous fait des amis;
Donnez-nous le Sauveur que vous avez promis.

Il m'entend, je le sens; il m'inspire, il m'enflamme;
C'est lui : j'écouterai ce qu'au fond de mon âme
Dira le Seigneur Dieu;
Je reconnais sa voix et son souffle et son feu.

A son peuple, à ses saints, à tout homme sincère
Qui rentre dans son cœur et qui craint Dieu son Père,
Il annonce la paix.
Mais quoi! le Christ de Dieu, le Sauveur désormais
Est tout proche de ceux que pénètre sa crainte;
Déjà sa gloire habite en notre terre sainte;
De la Miséricorde et de la Vérité
La rencontre s'est faite aux pieds de l'Equité;
La Justice et la Paix, les mains entrelacées,
Se sont comme deux sœurs tendrement embrassées;
La terre, ô Vérité, vous a donné le jour,
Et la Justice, au Ciel, vous a souri d'amour.

Oui, Dieu nous versera le trésor de sa grâce;
Et la terre, s'ouvrant à ce germe efficace,
Nous donnera son fruit, produira le Sauveur.
Devant lui l'œil serein marchera la Justice;
Et lui dans sa carrière où brille cet auspice
Il entrera brûlant de courage et d'ardeur.

# PSAUME LXXI.

Dieu, de tes jugements donne au Roi la sagesse ;
Et donne au fils du Roi dans ta douce largesse,
Ta droiture et ton équité :
Pour qu'il juge toujours ton peuple avec justice;
Qu'à tes pauvres toujours indulgent et propice,
Il prenne en les jugeant conseil de ta bonté.

O Paix, descends sur nos montagnes;
Justice, viens sur nos coteaux
Inonder de là nos campagnes
Et nos cités et nos hameaux.

Des pauvres de son peuple il prendra la défense,
Délivrera leurs fils des mains de l'oppresseur;
Abaissera lui-même aux pieds de l'innocence
Le lâche calomniateur.

Il règnera tant que de leur pure lumière
Le soleil et la lune éclaireront la terre,

Tant que subsistera la race des humains.
Il descendra vers nous, chose mystérieuse!
Comme une douce pluie entre silencieuse
Dans la molle toison ou l'enclos des jardins.

La justice avec lui renaîtra sur le monde
Et le gouvernera dans une paix profonde
Si longtemps que la lune, au flambeau radieux,
Restera suspendue à la voûte des cieux.

A vivre sous ses lois la terre entière aspire!
De la mer à la mer s'étendra son empire,
Et des rives du fleuve au bout de l'univers;
Les Ethiopiens et cent peuples divers
Devant lui tomberont prosternés jusqu'à terre;
Ses ennemis vaincus baiseront la poussière;
Les Iles et leurs rois lui feront des présents;
Les princes de Saba, les rois de l'Arabie
Lui porteront joyeux leurs dons reconnaissants;
Tous les rois lui rendront l'hommage de latrie,
A son joug implorant l'honneur de s'asservir;
Tous les peuples mettront leur gloire à le servir:
Car des mains du puissant il sauvera l'esclave,
L'esclave et l'indigent qui n'avaient point d'appui;
Au pauvre il donnera faveur auprès de lui:
De son âme captive il brisera l'entrave,
L'entrave de l'usure et de l'iniquité;
Et l'arrachant au fer d'un tyran exécrable
Il lui fera goûter la douce liberté;
Car du pauvre à ses yeux le sang est honorable.

Il vivra : l'Arabie à ses pieds de son or
Enverra déposer le plus riche trésor ;
Les peuples lui rendront un éternel hommage;
Son nom sera béni tous les jours d'âge en âge.

Et le froment croîtra sur la cime des monts;
Et plus haut que le cèdre on verra des moissons;
Du sein de la cité les plantes refleuries
Talleront à l'égal de l'herbe des prairies.
Son adorable nom à jamais soit béni!
Son doux et pur éclat ne sera point terni
Tant que l'astre du jour donnera sa lumière;
En lui seront bénis les peuples de la terre ;
Toutes les nations glorifieront sa loi.
Béni soit d'Israël le Seigneur et le Roi,
Le Dieu puissant qui seul opère des merveilles!
Et sans fin sois bénie, ô sainte Majesté!
Et dans tous les climats, tes gloires sans pareilles
De leur divins rayons verseront la clarté!

Du ciel avec la terre,
O sublime mystère!
Tel se fera l'hymen.
Viens, Seigneur, viens! Amen!

# ESPÉRANCE.

**Cantique tiré du psaume XXVI.**

---

Le Seigneur est ma lumière,
Mon salut dans le malheur,
Mon guide dans ma carrière;
De qui donc aurai-je peur?
Contre ceux de qui l'envie
S'efforce de me troubler
C'est le rempart de ma vie :
Qui donc me fera trembler?

Mes ennemis pleins de rage,
Brûlant de me dévorer,
S'avançaient comme l'orage
Tout prêts à me déchirer :
Le Seigneur prend ma défense :
Soudain malgré leur effort,
Ils tombent en ma présence
Dans les affres de la mort.

Quand je verrais leurs armées
Former leurs rangs contre moi
Et préparer leurs épées,
Mon cœur serait sans effroi.
Et si le combat commence,
Dans sa plus grande fureur
Je mettrai mon espérance
Dans mon puissant défenseur.

Je n'implorai qu'une grâce :
Je l'attends de sa bonté :
De contempler face à face
La splendeur de sa beauté;
Et tous les jours de ma vie
D'habiter dans sa maison;
Et, d'amour l'âme ravie,
De hanter son pavillon.

Il comblera mon attente;
Et j'en ai le gage heureux :
Il m'a caché dans sa tente
Durant les jours malheureux;
Dans le lieu le plus intime
De sa tente il m'a caché :
A la fureur de l'abîme
Il m'a lui-même arraché...

Au milieu de la tempête
Sur le roc il m'a placé;
Il a relevé ma tête
Après m'avoir abaissé.

Maintenant dans la victoire
Il me fait voir à mes pieds
Les ennemis de ma gloire
Sous son bras humiliés.

J'ai devant son tabernacle,
Autour des sacrés autels,
En retour de ce miracle
Offert des vœux solennels ;
Et pendant que les victimes
S'exhalaient comme l'encens,
Vers le ciel en chants sublimes
J'ai fait monter mes accents.

Et je veux chanter encore,
Chanter un hymne au Seigneur :
Entends, ô Dieu que j'adore,
Entends les cris de mon cœur.
Prends pitié de ma détresse ;
Je me consume en soupirs ;
Souviens-toi de ta promesse ;
Daigne exaucer mes désirs.

Mon cœur t'a dit dans sa flamme,
Dans la flamme de l'amour :
O Dieu, mon œil te réclame
Et te cherche nuit et jour.
De chercher ton doux visage
Non, je ne cesserai pas ;
Et pour le voir sans nuage
Je n'aspire qu'au trépas.

Ne détourne point ta face;
Ne fuis pas ton serviteur;
Epargne-moi ta disgrâce;
Sois mon aide, ô Dieu Sauveur!
Je te prie en ma misère
De ne pas m'abandonner,
Aux vautours dans ta colère,
De ne pas me condamner!

Comme un enfant jeune et tendre
Des miens je fus délaissé;
Mais Dieu voulut bien étendre
Vers moi son bras empressé:
Il m'a pris sous sa tutelle.
Ah! Seigneur, enseigne-moi
A marcher toujours fidèle
Dans le chemin de ta loi.

Conduis-moi, je t'en conjure,
Seigneur, dans les droits sentiers,
Pour me soustraire à l'injure
De mes ennemis altiers.
Au gré de ceux qui m'oppressent
Tu ne me livreras pas,
Et des piéges qu'ils me dressent
Tu préserveras mes pas.

Des témoins faux et perfides
Contre moi se sont levés.
Mais de leurs plans homicides
Les voiles sont soulevés:

Par une aveugle méprise
Ils ont trahi leurs projets,
La fourbe même s'est prise
Entre ses propres filets.

J'en ai la ferme espérance :
Dieu de ses biens triomphants
Me fera voir l'opulence
Dans la terre des vivants.
Marchons donc avec courage :
Grandis en force, ô mon cœur !
Soutiens l'effort de l'orage,
Et te confie au Seigneur.

# BONHEUR DE L'HOMME JUSTE.

## I

## PSAUME I.

Heureux qui n'alla point au conseil des impies ;
Qui ne foula jamais les sentiers du pécheur ;
Qui du vice abhorant la peste et la folie
Ne voulut point s'asseoir dans la chaire d'erreur.

Mais de la loi de Dieu faisant tout son délice,
La méditant sans cesse et le jour et la nuit,
Tel qu'un arbre planté le long d'une eau propice,
Il rendra dans son temps fidèlement son fruit.

Et l'on ne verra point couler son beau feuillage :
Et tous ses fruits toujours seront des fruits heureux.
Ah! tel n'est point l'impie : il ressemble au nuage
Que soulève le vent sur les chemins poudreux.

Quand tous, au jugement, renaîtront de leur cendre,
Des justes les pécheurs verront de loin la cour;
Car Dieu sait quel sentier les justes ont su prendre,
Et celui des méchants périra sans retour.

## II

# PSAUME CXI.

---

Heureux celui qui craint et chérit le Seigneur !
Il marche sous sa loi d'un pas sûr et facile :
Ses fils posséderont la puissance et l'honneur ;
Car Dieu bénit la race à ses ordres docile.

La gloire et la richesse habitent sa maison ;
Sa jus[illegible]ivra par delà tous les âges ;
Et quand poindra pour lui l'éternelle saison,
Il quittera joyeux la saison des orages.

Le Seigneur s'est levé comme un astre brillant
Aux yeux du juste assis dans le sein des ténèbres ;
Et montrant du salut le signe consolant,
A dissipé l'horreur des nuages funèbres.

Heureux aussi celui dont le cœur généreux
Sans peine s'attendrit sur les maux de ses frères,
Et qui, tendant la main à tous les malheureux,
Soulage leurs besoins, console leurs misères.

La sagesse toujours préside à ses conseils;
Elle nourrit son cœur et couronne sa tête :
Aussi rien ne saurait obscurcir ses soleils:
Au-dessus de l'orage, il brave la tempête.

La mémoire du juste à tous les temps survit :
Il ne craint point les traits des langues médisantes;
La haine sur la terre en vain le poursuivit :
Ses attaques toujours tombèrent impuissantes.

C'est qu'en son Dieu le juste a mis tout son appui :
Son cœur, à tous revers, d'un essor invisible
Vers lui s'envole et trouve, en s'unissant à lui,
Au foyer de la force une force invincible.

Ainsi plein de courage, armé de ses vertus,
De tous ses ennemis il brave les menaces :
Il les verra plus tôt à ses pieds abattus
Qu'il ne soit ébranlé sous les coups des disgrâces.

Sur le pauvre il se plut à verser les bienfaits :
Sa justice vivra plus longtemps que l'histoire ;
Et loin que sa splendeur s'obscurcisse jamais,
Dieu le couronnera d'une immortelle gloire.

L'impie en le voyant frémira de fureur ;
Il grincera les dents et séchera d'envie :
Inutile regret! les désirs du pécheur
Périront sans retour avec sa triste vie.

# HYMNE A LA DIVINITÉ.

Tiré de Cléanthe, poëte grec, vers l'an 260 avant Jésus-Christ.

---

Toi que sous divers noms on invoque, on adore,
Auteur de la nature, Eternel, Tout-Puissant,
Gloire des immortels, dont l'œil resplendissant
Embrasse l'univers du couchant à l'aurore,
Et qui gouvernes tout avec de sages lois,
Salut! car tu permets dans ta bonté suprême
Aux fragiles mortels de t'invoquer toi-même,
Et de te consacrer les accents de leur voix.

Nous sommes tes enfants : créés à ton image,
De tout ce qui respire ou rampe sous les cieux
Seuls nous avons reçu la parole en partage,
Seuls nous portons le sceau de ton front radieux.
Sans cesse je veux donc célébrer ta puissance.
C'est à toi qu'obéit tout ce vaste univers;
Et ces corps enflammés qui roulent dans les airs
Se plaisent à courir sous ton bras qui les lance.

Pour diriger toujours l'universelle loi
Qui pénètre partout en descendant de toi,
Qui se mêle et s'unit aux rayons de lumière
Semés grands et petits dans la nature entière;
Pour l'imprimer surtout dans le cœur des humains
Et leur faire adorer la raison éternelle,
La foudre étincelante, acérée, immortelle,
Arme de ses carreaux les invincibles mains.
Sous ses coups redoublés tout frémit d'épouvante.
O Monarque infini, présent dans tous les lieux,
Sans toi rien ne se fait, sans toi rien ne s'enfante
Sur la terre ou dans l'onde, ou dans les champs des cieux,
Excepté seulement les crimes dont l'impie
Te brave dans l'excès de sa triste folie.
Mais tu tires le bien du sein même du mal
Et l'ordre sous ta main sort du désordre même.
Ainsi coordonnant par ton pouvoir suprême
Et du mal et du bien le mélange fatal,
Abaissant la hauteur, relevant la bassesse,
Tu sais en composer un tout plein de sagesse,
Et par le savant art de la combinaison
En former l'immuable et commune raison
Que fuit l'homme pervers à son vrai bien contraire.
Malheureux qui, toujours aspirant au bonheur,
Ne voit ni ne comprend cette loi salutaire
Qui seule comblerait les désirs de son cœur,
Docile à ses penchants immole sans pudeur
Aux pénibles travaux d'une gloire trompeuse,
Ou se plie aux détours d'une fraude honteuse,
Ou poursuit du plaisir les funestes appas
Qui cachent un poison qu'il ne soupçonne pas.
Mais, ô Dieu tout-puissant, arbitre des orages,

Arbitre du tonnerre et des sombres nuages,
Suprême auteur de tous les dons,
Délivre les humains de leur triste ignorance,
Fais luire dans leur cœur quelques légers rayons
De cette divine prudence
Par laquelle tu sais gouverner l'univers;
Afin qu'ayant reçu tant d'honneur et de gloire,
Nous puissions célébrer par d'éternels concerts
De tes bienfaits sans prix l'immortelle mémoire,
Et t'offrir un tribut et de gloire et d'honneur;
Chanter aussi ta loi, la beauté, la grandeur
Dont ta magnificence a paré la nature.
Pour les mortels et pour les Dieux,
Il n'est de récompense et plus belle et plus pure
Soit sur la terre, soit aux cieux.

# ALLÉGORIE.

A. M. C.

---

Dans une fragile nacelle
Portés sur le fleuve du temps,
Battus par les flots et les vents,
Nous gagnons la rive fidèle,
Où de la céleste cité
Sur une base inébranlable
S'élève l'enceinte immuable
Qu'habite la félicité.

C'est là qu'au sein de la patrie
Nous goûterons le vrai bonheur;
Là, qu'une ineffable douceur
Refera notre âme flétrie;
Qu'après les ennuis de l'exil,
Et les combats et les alarmes,
Nous sécherons enfin nos larmes,
Heureux et loin de tout péril.

Ici notre nef agitée
Toujours semble près de périr.

Hélas! toujours il faut souffrir!
Sans cesse la vague irritée,
Sous le choc des vents conjurés
S'élance et mugit furieuse,
Et dans cette nuit orageuse
Frappe nos flancs mal assurés.

Et sur notre barque entr'ouverte,
Tous les éléments en courroux
Aux flots soulevés contre nous
S'associant pour notre perte,
Nous livrent d'incessants combats,
Et grondant autour de nos têtes,
Parmi les horreurs des tempêtes
Partout nous montrent le trépas.

O vous, à qui dès mon enfance
M'unissent des liens si doux,
Agréez les vœux que pour vous
M'inspire la reconnaissance :
Puissent vos généreux efforts,
Vainqueurs des flots et de l'orage,
Vous garantir de tout naufrage
Et vous rendre aux célestes bords!

Daigne la bonté souveraine
Dont l'œil sur nous veille attentif,
De sa main guider votre esquif
Sur le fleuve qui nous entraîne!
Que jamais le souci rongeur,
L'ennui, les chagrins, les alarmes,

Ne vous fassent verser des larmes,
N'abordent même votre cœur!

Que le ciel à mes vœux propice
Vous prodigue des jours sereins;
Que pour adoucir vos destins
Sous vos pas l'onde s'aplanisse!
Mon Dieu, de votre bouclier
Couvrez une tête si chère!
Ah! c'est mon ami, c'est mon père:
C'est lui qui m'apprit à prier.

Et pour lui, mon Dieu, je vous prie;
Exaucez-moi dès ce moment!
O flots, coulez plus mollement!
O vents, calmez votre furie!
Que l'heureux souffle du zéphir
Accoure seul enfler sa voile!
Que du pôle la bonne étoile
Brille au ciel sur son doux saphir!

Ne lui cache plus, ô nuage,
Du ciel pur le riant aspect!
Vague terrible, avec respect
Abaisse-toi sur son passage!
Laissez passer le matelot,
Ecueils; éloignez vos obstacles;
Et qu'il entre aux saints habitacles
Porté doucement par le flot!

# TABLE DES MATIÈRES.

Pages.

Observations préliminaires........................ III

Epitre dédicatoire........................ IX

La Délivrance et le Triomphe du peuple de Dieu.. 1

Cantique de Moïse après le passage de la mer Rouge... 1

Second Cantique de Moïse........................ 5

Cantique d'Habacuc........................ 13

Cantique de Débora........................ 17

Cantique de Judith........................ 23

Cantique d'Anne, mère de Samuel, ou Triomphe de l'Eglise sur la Synagogue........................ 27

Psaume LXVII. Triomphe de Jésus-Christ et de l'Eglise.. 31

Psaume LXXVIII. Le prophète, en implorant le secours de Dieu contre ses ennemis, prie pour l'Eglise persécutée........................ 39

Psaume LXXIX. Gémissements et prière des Israélites captifs et de l'Eglise persécutée........................ 43

Elégie tirée du psaume XLI. Soupirs de l'exilé vers la patrie........................ 47

Idylle tirée du psaume XXII........................ 51

Psaume CXIII........................ 53

Pages.

Psaume LXIV. Le peuple de Dieu partant de Babylone pour retourner à Jérusalem, ou Chant du départ de l'exilé pour sa patrie ........................ 57

Psaume LXXIII. Plaintes des Juifs et des Chrétiens persécutés .................................... 61

Psaume XLIV. Epithalame spirituel ou Eloge de Jésus-Christ et de l'Eglise ........................... 65

Psaume LXXXIV. Réconciliation du ciel avec la terre.... 69

Psaume LXXI .................................... 71

Espérance. Cantique tiré du psaume XXVI ............ 75

BONHEUR DE L'HOMME JUSTE ......................... 81

Psaume I. ...................................... 81

Psaume CXI ..................................... 83

Hymne à la Divinité, tiré de Cléanthe, poëte grec, vers l'an 260 avant Jésus-Christ ....................... 85

Allégorie. A. M. C. ............................. 89

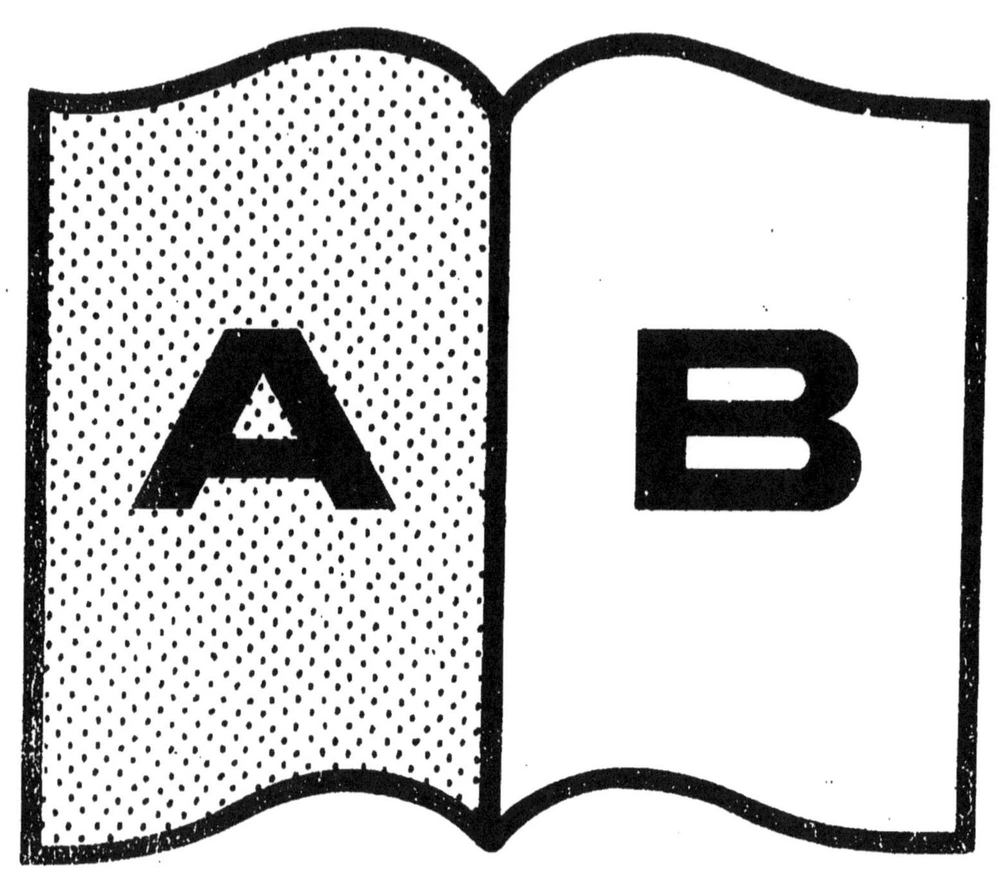


Contraste insuffisant

NF Z 43-120-14

www.ingramcontent.com/pod-product-compliance
Lightning Source LLC
LaVergne TN
LVHW020341230826
846091LV00003B/950

* 9 7 8 2 0 1 2 8 3 4 9 0 3 *